OPINION

D'un Soldat

Sur la Révision Prochaine

des Lois Pénales Militaires;

Par le comte Gaspard de Pons,

Capitaine au 7e régiment d'Infanterie légère.

PARIS,

CHEZ ANSELIN ET POCHARD,

LIBRAIRES DE LA GARDE ROYALE ET DES TROUPES DE TOUTES ARMES,

RUE DAUPHINE, N° 9.

1827.

IMPRIMERIE DE E. POCHARD,
RUE DU POT-DE-FER, N° 14.

OPINION

D'UN SOLDAT

SUR LA RÉVISION PROCHAINE

DES LOIS PÉNALES MILITAIRES.

OPINION

D'UN SOLDAT

SUR LA RÉVISION PROCHAINE

DES LOIS PÉNALES MILITAIRES;

Par le Comte Gaspard de Pons,

CAPITAINE AU 7ᵉ RÉGIMENT D'INFANTERIE LÉGÈRE.

Paris,

CHEZ ANSELIN ET POCHARD,

LIBRAIRES DE LA GARDE ROYALE ET DES TROUPES DE TOUTES ARMES,

RUE DAUPHINE, N° 9.

1827.

OPINION

D'UN SOLDAT

SUR LA RÉVISION PROCHAINE

DES LOIS PÉNALES MILITAIRES.

CHAPITRE PREMIER.

Principes fondamentaux de l'État militaire.

Graces à l'absurde préjugé qui subsiste toujours dans quelques esprits étroits contre la poésie et contre ceux qui la cultivent, on s'étonnera peutêtre de me voir lancer dans une discussion si effrayante pour ma conscience par la gravité de son objet, un nom qui n'avait encore figuré qu'en tête de quelques opuscules purement littéraires. J'y suis pourtant impérieusement entraîné par la voix de cette conscience même, car j'ai la conviction qu'il est du devoir d'un homme de proclamer avec énergie les vérités qu'il croit nécessaires, et que surtout s'il a reçu du ciel la facilité d'exprimer ses idées, qui peut les recommander à l'attention publique, ce serait de sa part un crime social de les enfouir. La loi que je m'impose dans cette circonstance est d'autant plus pénible que j'ai à rappeler des principes sévères, au moment où des efforts presqu'unanimes semblent tenter d'en faire fléchir la rigueur.

J'entreprends donc un travail ingrat, et dont la popularité ne saurait être la récompense ; j'entreprends de lutter contre le torrent de l'opinion générale, ce qui serait une absurdité sous un gouvernement dont elle est la base, si les caractères distinctifs de cette opinion n'étaient pas, sur ce point du moins, une mollesse et un relâchement tels, qu'un écrivain seul se flatterait peut-être en vain de parvenir à la retremper, mais qu'il lui sera toujours possible de la combattre avec avantage.

La sagesse royale a déclaré du haut du trône qu'elle ne se prêterait qu'à peu d'innovations ; mais il en est quelques-unes de nécessaires ; et puisque le projet du gouvernement doit être soumis à la discussion des chambres législatives, ce sont leurs membres qu'il importe de guider à travers les détours de cet obscur labyrinthe, et j'ai la confiance de le tenter. L'assentiment universel, qui partout ailleurs me forcerait au respect et au silence, perd à mes yeux toute son autorité dès qu'il s'agit de matières extrêmement spéciales, que très peu d'hommes ont étudiées,

et que beaucoup moins encore ont comprises.
L'état militaire a des mœurs et des lois si parti-
culières, qu'à la différence de tous les autres états
il faut absolument l'embrasser dès sa première
jeunesse pour s'y façonner et pour arriver un
jour, non-seulement à le suivre avec succès,
mais même à le bien connaître. Aujourd'hui que
la monarchie représentative a fait germer parmi
nous le sentiment de la liberté avec une force
qu'il n'avait jamais eue en France, la concilia-
tion des devoirs du soldat avec les droits du citoyen est devenue un nouveau problème qui em-
barrasse jusqu'aux gens du métier. Nombre de
vétérans de notre ancienne armée se sont jetés
dans les idées constitutionnelles avec la même
ardeur qu'ils mettaient autrefois à se précipiter
sur l'ennemi; mais ces plantes tardives n'ont pu
prendre racine dans un sol que rien n'avait pré-
paré pour elles, sans étouffer ou sans gêner du
moins les traditions vraiment militaires qu'ils de-
vaient transmettre à la génération naissante. C'est
peut-être alors aux hommes de mon âge qu'il
appartient, malgré leur jeunesse, d'élever la voix
pour le maintien de la discipline légale. Et qui
pourrait le faire mieux que nous? nous, enfans de
l'empire et soldats de la restauration! nous qui
avons grandi au son du tambour, au bruit du
canon de victoire, et dont l'adolescence s'est épa-
nouie à l'ombre des lis! nous qui, au sortir du
berceau, avons été pétris pour la guerre par cette

main de fer du grand guerrier, dont la liberté, qui nous a saisis à temps pour nous régénérer, n'a pu toutefois effacer l'empreinte !

En reconnaissant que le sujet dont je m'occupe est et doit être étranger à la presque totalité des lecteurs, je ne m'en crois pas moins obligé de faire tous mes efforts pour le mettre à leur portée, pour éveiller leur intérêt sur des considérations qui tiennent si profondément à la gloire de notre patrie et au salut de tout le monde civilisé. Personne n'a le droit de juger indignes de son attention les détails auxquels je me verrai forcé de descendre ; rien n'est à dédaigner dans la profession des armes, qui est la clé de l'ordre social, comme elle peut en être le fléau. Ce sont des boutons de guêtres qui maintiennent la sûreté des individus, la tranquillité des peuples et la paix de l'univers : c'est avec des *à-droite* et des *à-gauche* qu'Ibrahim opprime la Grèce.

Il est pourtant dans nos réglemens et dans nos lois, comme dans les infractions et les délits qui peuvent les violer, des choses d'une importance relativement très secondaire, que les bornes de cette brochure ne me permettent pas de parcourir et dont l'examen ne ferait que distraire de celui des points essentiels. Ces derniers sont fondés sur des principes inhérens à l'état militaire, et que je vais rappeler en peu de mots.

L'armée est instituée pour la défense du pays et la conservation de l'ordre public. Elle trahit ses devoirs en refusant d'employer sa force contre l'ennemi, aussi bien qu'en abusant contre les habitans paisibles des armes qui lui sont confiées. La lâcheté et la violence sont les deux péchés capitaux du soldat. L'honneur seul peut lui servir à la fois de frein et d'éperon, et le retenir après l'avoir excité, comme la lance d'Achille guérissait seule les blessures qu'elle avait faites. Or ce sentiment chevaleresque, chez des hommes que pour la plupart leur éducation première n'y a nullement préparés, ne s'appuiera jamais que sur l'orgueil de leur état, qu'on a si souvent et si mal à propos reproché aux militaires, tandis qu'on devrait au contraire en favoriser le développement jusqu'à l'exaltation.

Les gens qui aiment à généraliser leurs idées, pourront m'objecter que dans les armées étrangères on a recours à un mobile tout différent, et que le bâton y tient la place de l'honneur. Mais je me fais gloire de n'écrire que pour notre armée et de la montrer sous ce rapport, ainsi qu'à tant d'égards divers, aux autres peuples comme un modèle que leur caractère national ne leur permettrait peut-être pas d'imiter.

La lâcheté est le vice que pour les Français il importe le moins de prévoir, et la dernière guerre d'Espagne a prouvé que dans nos camps la violence elle-même était bien facile à prévenir. Ces deux sources de désordres sont d'ailleurs presqu'entièrement refoulées pendant la paix ;

mais il est deux plaies qui nous rongent en tout temps et qu'il faut sonder plus profondément que les autres : le vol qui tient à la lâcheté par la bassesse et qui sert de prélude au pillage, et surtout l'insubordination, le plus grand de tous les crimes militaires, qui, nous ôtant le titre de soldats pour ne nous laisser que le nom de brigands, rompant toutes les digues en avant comme en arrière, amène et justifie bientôt toutes les lâchetés et toutes les violences, toutes les bassesses et tous les excès.

Les maximes que je viens d'annoncer heurteront beaucoup d'opinions évidemment hostiles envers l'armée ou plutôt envers l'esprit qui doit l'animer. Chose étrange ! c'est à une époque où l'on se plaît à élever jusqu'aux nues notre gloire passée, que les mêmes voix semblent souvent s'efforcer, par leurs clameurs, de comprimer l'essor de notre gloire future. Je ne m'arrêterai point à combattre des systèmes que je crois de dangereuses et impraticables utopies. J'écris dans l'hypothèse de la nécessité d'une armée, et je veux alors qu'on se mette en état d'en tirer tout le parti possible. Comme je n'aime pas les demi-mesures, j'en demanderai la suppression totale, dès qu'on sera parvenu à m'en démontrer l'inutilité.

CHAPITRE II.

De l'esprit qui doit présider à la révision du Code pénal militaire.

Il n'est personne en France qui ne proclame hautement l'urgence de la révision du Code pénal militaire, et avant tous on distingue dans la foule, comme je l'ai déjà dit, ceux qui ne voudraient plus voir en France de militaires, ni par conséquent de Code pénal à leur usage. Mais peu importe : et moi aussi, je suis d'accord avec eux sur cette urgence ; je suis un admirateur trop sincère du monument si beau et si régulier de notre législation actuelle que le génie a su tirer du chaos informe et des débris épars de nos anciennes législations provinciales, pour ne pas appeler de tous mes vœux un bienfait semblable sur mes compagnons d'armes. Mais, dans la disposition actuelle des esprits, peu de gens seront de mon avis sur les vues qui doivent diriger la confection de ce vaste travail. Puisse mon faible essai servir à éclairer la conscience de ceux qui seront chargés de ces fonctions importantes ! Je dois le désirer, car je suis animé, je le répète, par une conviction inébranlable : douze ou treize ans que j'ai passés sous les drapeaux ne me donneraient peut-être pas encore le droit d'user d'une expression si absolue, si je n'étais soutenu par la certitude intérieure d'avoir invariablement conservé la même opinion à cet égard, depuis le premier moment où une expérience naissante m'a permis de commencer à m'en former une.

Quel autre mobile pourrait m'exciter à la lutte où je m'engage contre la tendance générale à l'indulgence, que tout, jusques au gouvernement (il faut le dire), paraît favoriser? Je rends justice aux intentions paternelles qui l'ont porté à relâcher des ressorts que Napoléon avait tendus de toute la force de son bras d'Hercule; mais je crois qu'il est temps, et plus que temps maintenant, d'en revenir à des erremens opposés. La sévérité, selon moi, est l'âme du commandement militaire; elle est annoncée par le ton brusque et impérieux qui lui sert d'organe et qui devient dérisoire si la punition n'est pas aussi immanquable que l'obéissance doit être rapide. Soldat moi-même, et fier de ce nom, j'aime le soldat; j'en appelle sans crainte au témoignage de tous ceux qui ont servi avec moi; mais je ne l'aime pas avec cette faiblesse pernicieuse qu'on a pour un enfant gâté : je l'aime surtout tel qu'il doit être, tel qu'il est facile de le rendre ; je l'aime, enfin, comme il veut être aimé. Il est loin d'être touché d'une douceur efféminée qui n'est pas plus faite pour lui que la politesse en usage dans les salons : il se glorifie d'obéir à ses chefs, quand ils savent se faire craindre. La crainte est l'estime du peuple, et tous les grades de l'armée sont peuple à cet égard : l'estime dans ce cas, comme il arrive dans un sentiment analogue , conduit seule à une affection véritable. Ainsi que le Français en général est plus jaloux d'égalité que de liberté, le soldat français en particulier préfère l'équité à l'indulgence. Ce qu'il déteste, c'est le privilége dans la répartition des peines que tous encourent, bien plus que dans celle des récompenses auxquelles tous n'aspirent pas : ce qui l'humilie, c'est d'être commandé avec mollesse ; il supporte en frémissant d'impatience un joug léger, mais indigne de lui par sa légèreté même. Il prétend n'obéir qu'à des soldats comme lui ; et ce qui fait le soldat, c'est avant tout la force morale, c'est la virilité du cœur, puissance innée qu'il a besoin de sentir dans l'autorité qui pèse sur lui sans cesse, et que Dieu fit supérieure à l'autorité que donnent les hommes, comme aux coups que frappe le sort.

Ce que j'ai dit du chef, à plus forte raison je le dirai de la loi dont le chef n'est que l'interprète : le soldat ne connaît point les abstractions ; il voit toujours l'homme derrière la chose. Cette énergie qu'un militaire ne doit pas plus dépouiller que son uniforme, il faut qu'il la retrouve dans le Code qui le régit, dans les juges qui prononcent son arrêt : ce n'est qu'ainsi qu'il peut s'enorgueillir de ne comparaître qu'au tribunal de ses frères d'armes. Coupable et condamné, il faut qu'il la retrouve encore dans le peloton qui va le fusiller. Il s'avance d'un pas ferme et la tête haute ; il vient se placer en face de ses camarades qui le plaignent en secret, mais qui n'ont pas, non plus que lui, l'idée qu'il leur soit possible de balancer une seconde entre la discipline et la compassion qu'il leur inspire ; il les regarde fixement ; il s'admire lui-même dans leur contenance calme et assurée, car il vient de jeter un dernier coup d'œil sur l'habit qu'il porte et qui est le même que le leur. Soutenu par la fierté qu'il puise dans cette vue, il se refuse noblement à courber les genoux ; il rejette avec dédain le bandeau qu'on lui présente pour dérober à ses yeux l'aspect de la mort. Il dit à ses exécuteurs : *Mes amis, ne me manquez pas !* et la vigueur avec laquelle ils apprêtent leurs armes lui répond que son vœu sera exaucé. Il n'entend autour de lui ni lamentations inutiles qui l'affaiblissent, ni clameurs bruyantes qui insultent à son agonie ; il ne frissonne pas comme le malheureux qui se sent flétrir par l'attouchement infâme d'un bourreau ; et tandis que son courage et ses sens l'abandonneraient peut-être en montant sur l'échafaud où la justice civile tranche la vie des criminels, sa dernière pensée sur la terre est de s'applaudir du moins de mourir en soldat.

Que les femmes et les philanthropes pâlissent à ce spectacle, il n'est pas permis à un militaire d'en détourner ses regards; on l'oblige, en défilant devant le cadavre, à les diriger de son côté. L'abolition de la peine de mort est encore un beau rêve, et si on l'introduisait dans les rangs de l'armée, je redouterais le réveil. Enseignez à celui dont le métier est de mourir au moindre signe de son général, que ses jours sont si sacrés, qu'il est défendu de l'exposer, lui ou tout autre de ses compagnons, même après qu'il se sera souillé d'un crime, à une décharge de mousqueterie, et vous verrez comment il recevra l'ordre qui le placera bientôt après, avec dix mille hommes irréprochables, sous le feu d'une batterie de canon.

Sans doute la peine capitale est trop multipliée dans notre Code actuel, et je compte moi-même, dans plusieurs cas, en proposer la suppression, ainsi qu'on le lira plus tard. Mais je me hâte d'ajouter que la rigueur de la législation a été fort exagérée par ses détracteurs. On a commencé par accuser injustement son origine : c'est à tort qu'on l'a qualifiée de révolutionnaire. Pour ne rien dire des lois de l'ancienne monarchie, qui n'étaient pas très douces en fait de discipline et dont quelques-unes subsistent encore, presque toutes celles qui nous régissent maintenant ont été promulguées dans un moment de liberté véritable, au commencement de l'an V, à cette époque où la réaction anti-républicaine de l'opinion, enhardie par la faiblesse des gouvernans, provoqua la réaction tyrannique du 18 fructidor. Alors la terreur avait totalement disparu; alors le pouvoir se montrait constamment favorable aux armées, qu'il encourageait à des triomphes nouveaux en célébrant leurs victoires récentes. Les plus grands noms qui aient illustré le drapeau tricolore brillaient alors à leur tête, Hoche, Moreau, et celui qui les devance tous de si loin dans la gloire militaire; la réquisition, qui avait précipité dans les camps la totalité ou du moins l'élite de la jeunesse française, assurait aux troupes une composition bien supérieure à celle de nos régimens qu'une conscription peu nombreuse peuple de remplaçans. Malgré tout cela, les lois ont été sévères et elles ont dû l'être : elles ont dû l'être précisément parce que la nation était libre; la liberté est un bien qui s'achète toujours par des lois plus rigoureuses comme par des impôts plus pesans. C'est quand l'état veille plus attentivement à la défense des prévenus, qu'il est dans la nécessité de châtier plus fortement les coupables : l'expérience des siècles est unanime à cet égard. Des hommes qui ont étudié l'histoire peuvent - ils penser à introduire la mollesse dans celui de nos Codes qui doit présenter le caractère le plus redoutable, lorsque la France commence à jouir de la liberté légale à un point où elle ne l'avait jamais connue sous aucune des phases de gouvernemens qu'elle a traversées?

Il n'existe d'ailleurs point d'accusés qui soient entourés d'autant de garanties que les accusés militaires. L'opinon publique s'est fait une règle (très juste, quoique basée sur un préjugé, parce que les exceptions sont trop rares) d'imprimer une sorte de flétrissure morale à tous ceux qui ont eu le malheur de subir un procès criminel : combien cette prévention ne paraîtra-t-elle pas plus fondée contre le soldat traduit devant un conseil de guerre, à quiconque sait avec quelle répugnance ses chefs ont dû se résoudre à l'y envoyer! C'est un fils livré par ses parens à la vindicte de la justice. En éloignant même l'affection qui ne manque guère d'attacher les supérieurs à leurs subordonnés, leur propre intérêt les détourne de ces mesures austères ; ils craignent de s'entendre objecter que les corps les mieux conduits sont, comme les femmes les plus vertueuses, ceux qui font le moins parler d'eux; ils craignent des acquittemens toujours fâcheux pour la discipline, et dont pourtant de nombreux exemples attestent en quelque façon la probabilité. Le prévenu retrouve encore dans ses juges les sentimens de paternité qu'il avait rencontrés antérieurement dans ses chefs. Je respecte la conscience de mes frères qui ont le pénible honneur de siéger dans les tribunaux de l'armée, mais ils ne me désavoueront pas quand je dirai que s'ils tombent en général dans un excès, c'est dans celui de l'indulgence. Jurés et juges, chargés d'un fardeau dont les membres du jury de nos assises ne supportent que la moitié, il leur arrive parfois, ainsi qu'à ces derniers, en répondant sur la question de fait, de ne pas la séparer dans leur esprit, ou plutôt dans leur cœur, de la disposition pénale qu'ils sont censés ignorer encore, et qu'il est en effet bien plus difficile d'oublier lorsqu'on doit soi-même, à la minute suivante, en faire l'application. J'ai entendu réclamer l'établissement de juges militaires inamovibles, en grande partie dans l'intérêt des accusés : c'était une grave erreur. Des scrupules, qu'à présent l'on pousse peut être trop loin, s'effaceraient par l'habitude ; par l'habitude aussi, les formes seraient mieux observées, mais, dès-lors, ce serait autant de recours fermés aux pourvois en révision. Les conseils de guerre sont de véritables commissions par la manière dont ils sont composés ; nul doute qu'il ne fût sage en principe de corriger cet abus, qui par le fait n'en est pourtant pas un, car ils prouvent tous les jours qu'il serait impossible à l'autorité d'obtenir d'eux une condamnation, si jamais elle s'abaissait à l'exiger. J'honore comme je le dois le courage et la dignité dont

notre magistrature fait preuve, mais ne tire-t-elle
pas presque toute sa force de l'inamovibilité dont
elle jouit? Il n'en est pas ainsi parmi nous : je
le dis non-seulement sans regret, mais avec un lé-
gitime orgueil. Noble état , où le feu de l'ambi-
tion et le devoir de l'obéisance ne peuvent étouffer la voix de l'honneur et de l'équité! où la dé-
pendance complète du militaire n'ôte rien à la
fière indépendance du juge!

Elle se révolterait intérieurement, dit-on ,
contre des lois sévères qu'on prétendrait lui
imposer, et qui resteraient sans application , tandis que des mesures plus douces atteindraient
mieux le but qu'on se propose. Faux calcul ! la
sévérité doit subsister dans le Code, pour sauver
le principe et soutenir l'énergie individuelle.
L'officier français répugne aux fonctions de juge;
il croira toujours que la législation s'est montrée
aussi rigoureuse qu'il était possible de l'être , et
il ne manquera guère de céder à la tentation de
l'adoucir. Peu d'hommes sont assez sûrs d'eux-
mêmes pour apporter à prononcer une sentence
la même fermeté qu'à commander la troupe qui
est sous leurs ordres, et ceux-là se trouveraient
entièrement paralysés par le relâchement des
dispositions légales. J'ai donné ma voix pour la
mort; du moment où le fait qu'on imputait au
prévenu m'était prouvé, avec plus de calme que
je ne l'aurais acquitté, sans m'occuper de savoir
si l'article qui le frappait était trop dur, parce que

je m'abstenais avec soin de substituer ma propre conscience à celle du législateur ; mais si je n'osais pas absoudre malgré la loi, à plus forte raison n'oserais-je pas condamner malgré elle, dans le cas où elle croirait devoir incliner vers une douceur que je crois devoir combattre. Le juge qui prend sur lui de la mitiger, se rend coupable, à mon avis, d'un tort qui peut s'accorder avec une belle âme ; celui qui tomberait dans l'excès contraire, fût-ce pour sauver la patrie, serait le plus abominable des assassins.

La rectification vraiment urgente que je sollicite, consiste dans la distinction à établir entre les crimes ou délits déshonorans et ceux qui ne le sont pas, et la proportion à mettre sous ce rapport entr'eux et les peines, à la répartition desquelles nous allons descendre en détail dans les chapitres suivans.

CHAPITRE III.

Des crimes et délits que la loi doit réprimer dans le militaire comme dans le citoyen.

Ils peuvent tous se ranger dans deux catégories, qui comprendront les attentats commis contre la personne ou la propriété d'autrui, soit par force, soit par ruse; c'est-à-dire, d'une part, les violences en général, et, d'autre part, le vol considéré simplement comme larcin.

Nous allons d'abord nous occuper de ce dernier. Je ne m'oppose pas à ce que, par l'application des lois civiles, que des circulaires ministérielles ont déjà recommandée, l'on ne punisse le voleur simple que d'un simple emprisonnement; mais je voudrais que l'homme qui a subi une condamnation si honteuse ne pût jamais rentrer dans les rangs de l'armée, si ce n'est dans les compagnies de discipline ou dans tout autre corps semblable. C'est une étrange contradiction que d'obliger des gens à qui l'on veut inspirer des sentimens d'honneur, à vivre avec un voleur reconnu et à porter le même uniforme que lui, ce qui les rend, en quelque façon, solidaires de sa conduite. J'insiste sur ce point, que je livre spécialement aux méditations de nos législateurs.

Deux sortes de vols plus graves, le vol commis envers son hôte, ou envers ses camarades, sont punis des fers, l'un pour dix ans, l'autre pour six ans, temps qu'il serait peut-être possible d'abréger; c'est là que l'indulgence peut se manifester sans de graves inconvéniens; l'essentiel est que la peine infamante soit maintenue. Mais la rédaction de l'article qui prévient le second de ces crimes est vicieuse en ce qu'elle manque de clarté. Elle dit : « Tout militaire qui sera convaincu d'avoir volé *l'argent de l'ordinaire de ses camarades, ou tout autre effet à eux appartenant, etc.* » Or il est arrivé que certains conseils de guerre, prétendant que la loi ne parlait que de l'argent de l'ordinaire, et que celui qui était la propriété particulière des camarades, n'était pas un effet, n'ont condamné qu'à la prison le soldat qui avait dérobé à ses compagnons une somme quelconque en numéraire, tandis qu'ils l'auraient envoyé aux fers, s'il se fût approprié une harde de la moindre valeur. Je sais que les exemples en sont fort rares, d'autant qu'ils choquent le bon sens; cependant j'en pourrais citer, et il est urgent d'empêcher qu'ils ne se multiplient. N'est-ce pas en effet manquer évidemment à l'intention de la loi, et préférer sa lettre à son esprit, que de punir plus légèrement le vol pécuniaire, celui de tous qui se commet le plus fréquemment, celui dont il est le plus difficile de suivre la trace et de fournir la preuve, puisque, suivant le proverbe, l'argent n'a point de maître?

Mais que dire de cette jurisprudence qui s'est glissée récemment dans un conseil de guerre que je ne veux pas désigner, où l'on a refusé l'application de la loi dont il s'agit, contre un soldat qui avait volé un de ses chefs (caporal ou fourrier, peu importe), et où l'on a décidé par là qu'un supérieur en fait de discipline ne devait pas être considéré comme camarade en fait de vol? Je trouve tout naturel qu'un avocat présente ce moyen de défense, mais je ne conçois pas qu'il soit accueilli par des hommes qui savent ce que c'est qu'une chambrée, ce que c'est que l'intérieur d'une caserne ou d'un camp. Le vol envers les camarades mérite un châtiment très rigoureux, parce que là tout est livré à la bonne foi publique. Si l'on faisait valoir pour motif d'excuse, que des sous-officiers, logeant dans une chambre à part, ont plus de moyens de soustraire à la cupidité ce qui leur appartient, je le comprendrais encore. Cette excuse même serait pourtant mauvaise, puisque ces moyens sont excessivement restreints, puisqu'il est un grand nombre de leurs effets qui doivent, ainsi que ceux des soldats, être perpétuellement en vue. Mais alléguer, comme on l'a fait, comme les

2.

journaux nous l'ont répété, qu'un soldat n'était pas le camarade d'un chef qu'il ne pouvait frapper sans encourir la peine de mort, c'est démentir l'évidence, car c'est dire, malgré une expression consacrée, qu'il n'est pas le camarade de lit du caporal avec lequel il couche ; qu'il n'est pas le camarade de chambrée du sergent qui loge souvent dans la même chambre ; qu'il n'est pas le camarade de bivouac de l'officier qui dort en plein champ, sur la dure, à deux pas de lui, et que la loi ne doit pas veiller avec une sollicitude pareille à la conservation de leur propriété à cause de la supériorité de leur grade. Comme la réciproque alors sera nécessairement admise, c'est dire aussi qu'un chef, dans cette position, peut voler son subordonné, sans s'exposer au quart des risques qu'il courrait en volant son égal. Je croirais insulter à la raison de mes lecteurs, si je m'arrêtais plus long-temps à faire ressortir l'absurdité d'une telle conséquence. Qu'on me pardonne la vivacité de ces expressions ; la chose jugée est irrévocable ; un tribunal légalement institué a toujours droit à beaucoup de respect, mais l'abus est trop grand pour ne pas l'attaquer avec véhémence. Je demande donc spécialement que le législateur, en revoyant cet article, assimile, d'une manière positive, l'argent aux effets, et qu'il définisse, avec des détails qui ne permettent plus aucun doute, ce qu'il faut entendre par le mot de *camarades.*

Les faux, la vente et la mise en gage de l'habillement ou de l'armement, sont encore autant de vols très graves au préjudice de l'état, ou quelquefois de la troupe, et qu'il est indispensable de châtier rigoureusement. Mais celui de tous les larcins qui exige la surveillance la plus exacte et la répression la plus énergique, est celui qui se renferme dans l'intérieur des corps et qui cause un dommage énorme aux malheureux soldats. J'entends répéter sans cesse qu'il est affreux d'envoyer un homme aux galères pour dix sous; mais outre qu'en général la loi, civile ou militaire, ne saurait taxer la peine d'après la quotité du vol, outre que toutes les circonstances se réunissent, comme je l'ai déjà rappelé plus haut, pour égaler ce crime aux vols domestiques les plus condamnables, on ne veut donc pas penser au tort que fait la perte de dix sous à celui qui ne reçoit par jour qu'un sou de poche, passible encore de certaines retenues et de plusieurs dépenses ordonnées par le réglement. Le militaire qui ne craint pas de dépouiller ses pauvres camarades, n'a jamais excité en moi l'ombre de la pitié : il fait planer le soupçon le plus infamant sur tous ceux qui l'entourent; il détruit en eux cette confiance mutuelle sans laquelle ni l'honneur, ni la concorde ne peuvent subsister; c'est une souche vénéneuse qu'on doit extirper sans aucun ménagement.

Les attentats exercés avec violence seraient;

dans mon système, passibles de peines plus fortes que celles qui sont infligées en pareil cas aux citoyens, à cause de la supériorité des moyens d'attaque ; mais je me garderai bien de demander avec tous nos anti-militaires, qu'on désarme le soldat hors du temps de service. Les choses ne sont pas égales entre lui et le paysan ou l'ouvrier avec lequel il est ordinairement exposé à se prendre de querelle. L'uniforme a besoin d'être à l'abri de la flétrissure des coups de poing ou des coups de bâton. Je souhaiterais au contraire que tous ceux qui le portent, portâssent aussi le sabre, pour les garantir de l'inconvénient dont je parle, et pour les empêcher même de vider entre eux leurs différends, ainsi qu'il arrive quelquefois, d'une manière qui peut être encouragée comme un art national en Angleterre, mais qui ne convient en France, ni à des gens de guerre, ni à des gens d'honneur. J'ai vu punir des hommes qui s'étaient montrés lâches ou turbulens en se bornant à leur ôter le sabre, et je n'ai jamais connu de châtiment qui fît plus d'effet que celui-là, qui est tout moral. L'absence de cette arme a fait souvent que dans les duels on lui substituait la bayonnette, qui est infiniment plus meurtrière ; et, d'ailleurs, si l'on veille, comme il est prescrit, à ce que les lames ne soient pas inutilement affilées, on se lassera sans doute de pousser des clameurs continuelles pour des accidens bien rares, bien sévèrement réprimés ; et que bien des fois les victimes auront occasionés par leur propre faute. Il est notoire que dans tout démélé avec les habitans, on donne toujours tort aux militaires; cela doit être, et cela doit suffire. Si l'on adoptait la mesure que je combats, on en viendrait bientôt à désarmer les officiers, par une suite de raisonnemens d'autant plus conséquens, que ces derniers rougiraient pour leurs compagnons d'armes d'une exception semblable faite en leur faveur, et qu'ils se glorifient d'être, aux yeux de la justice comme aux yeux de l'honneur, les égaux de ceux qu'ils commandent. Nous ne voulons ni le crime ni son impunité; loin de nous une si horrible pensée! mais nous voulons avec quelque droit, ce me semble, que la réputation de deux cent mille braves qui consacrent, presque sans salaire et sans espoir, les plus beaux jours de leur existense à la défense de leurs compatriotes, ne soit pas ternie par une défiance injuste et par des précautions outrageantes.

Parlerai-je d'une disposition légale qui a reçu, dit-on, la sanction du gouvernement, et qui mène tout droit à celle que je viens d'attaquer par avance? Elle consisterait à donner aux tribunaux civils la connaissance de tous les différends qui surviendraient entre les militaires et les citoyens. Je n'ai prétendu baser mon travail que sur la législation existante; je ne suis nullement dans la confidence des plans qu'on a pu adopter pour l'avenir; mais il est des bruits d'une nature tellement grave, que je serais coupable de les passer sous silence. Comme je n'écris point pour faire ma cour au pouvoir, je m'expliquerai franchement, durement même, sur un projet qui n'est pas encore devenu loi. Que fera-t-on alors du principe que nul ne doit être jugé que par ses pairs? Si vous livrez à vos tribunaux le soldat qui aura insulté l'habitant, traduisez en revanche devant les nôtres l'habitant qui aura insulté le soldat, et ce dernier cas ne sera pas le plus rare. On ne peut se dissimuler qu'il existe aujourd'hui contre nous un esprit d'hostilité inconnu dans un temps où les plaintes auraient été souvent plus fondées, mais où les agressions auraient été plus vigoureusement repoussées, tant par les individus que par l'autorité. A la moindre rixe vous verrez tous les bourgeois se réunir contre les militaires; si vous désarmez ceux-ci, cent fois moins nombreux, ils seront journellement assommés, et la plainte directe en justice, qui sera permise à leurs adversaires, ne pourra passer pour eux que par l'organe de leurs supérieurs, dont la puissance, toujours suffisante pour les punir, sera nécessairement altérée dans la plus précieuse de ses prérogatives, celle de les protéger. On aura beau dire que la justice est une, et que nous sommes citoyens avant d'être soldats : soumis à un régime exceptionnel, on veut pourtant nous enlever le plus beau de nos priviléges; notre habit nous isole et nous fait une multitude d'ennemis, mot qui dans les langues primitives était synonyme d'*étrangers* ; ce sont eux qui ont dicté cette mesure ; le dernier de nos conscrits ne s'y trompera pas, et il perdra toute confiance dans les magistrats chargés de prononcer sur sa cause et tout respect pour l'arrêt qu'ils auront porté. Les plaintes, les jugemens, les condamnations même seront continuels ; car les témoins ne manqueront pas plus contre nous que les plaignans. Aussi les chefs, dépouillés du droit d'ordonner la mise en prévention, se garderont bien de punir des délits qui devront être poursuivis à la diligence de M. le procureur du roi ; les subordonnés s'habitueront à les regarder comme des peccadilles entièrement étrangères à la discipline, et l'honneur d'un homme ne sera nullement entaché, aux yeux de ses camarades, pour avoir subi dix sentences de ce genre en police correctionnelle ou même aux assises, tandis que maintenant une simple comparution au conseil de guerre serait une souillure pour lui. Est-ce l'indulgence de ces mêmes conseils que vous blâmez? Je la blâme comme vous ; mais elle a été plus grande encore et plus déplacée dans les affaires purement militaires ; elle a du moins été impartiale. Est-ce donc de la partialité que vous voulez en votre faveur? Et dans quelles absurdités ne vous entraîne pas un système qui blesse autant la raison que notre fierté et nos intérêts ! Le vol envers

l'hôte, crime qui ne peut être commis que par
les militaires , et que la loi punit d'une peine qui
ne peut être appliquée qu'à eux, sera donc jugé
par des hommes qui leur sont entièrement étrangers? D'ailleurs, si vous croyez devoir accorder
cette *garantie*, comme on l'appelle , aux exi-
gences d'une susceptibilité jalouse, dans les cas
étrangers au service, elle la réclamera bientôt
comme un droit contre nous dans le service même,
et comment alors pourrez-vous la lui refuser?
Déjà tous les jours des insensés insultent nos sen-
tinelles, sans savoir que leur personne est aussi
sacrée que celle du roi ; le factionnaire coupable d'avoir rempli son devoir avec énergie vien-
dra se justifier devant des conseillers en robes
rouges, et l'épicier du coin ou le marguillier de
la paroisse, qui n'auront de leur vie entendu
parler d'une consigne, décideront, en qualité
de jurés, de la fidélité qu'il devait mettre à la
faire observer, et du degré d'obéissance que pouvait exiger de lui celui qui la lui avait donnée !
Pour changer enfin la question de droit, toujours
sujette à discussion, en une question de fait qui
est indubitable , je dirai sans crainte, au nom
du maréchal de France comme au nom du soldat, que l'opinion de l'armée en est révoltée , et
si faible qu'elle soit, si bas que l'aient mis les
circonstances, l'armée est encore quelque chose.
Ce n'est qu'une milice, il est vrai, c'est-à-dire,
aux yeux de beaucoup d'*industriels*, un mépri-

sable et dangereux ramas de stipendiaires, faits, ainsi que les histrions, pour être le jouet de ceux qui les payent : mais, fût-elle réduite à un seul bataillon, avec son titre d'armée française, elle resterait la première milice de l'univers. Le projet que je repousse tendrait à n'en faire qu'une garde nationale ; et, comme le duc d'Enghien, de noble et douloureuse mémoire, déclarait qu'il avait posé les armes et reconnu qu'il n'existait plus de rois en Europe, il faudrait alors mettre le sabre dans le fourreau et reconnaître qu'il n'existerait plus de militaires en France.

On se trompe, au surplus, si l'on croit, en nous abaissant sans nous détruire, nous rendre moins redoutables à la liberté. On éteindra en nous cette ardeur belliqueuse dont notre pays, par sa position continentale, a si grand besoin pour se faire respecter au dehors, sans nous ôter le sentiment de la force physique, qui suffira pour en abuser à l'intérieur. Lorsque les prétoriens vendaient à l'encan l'empire romain, ils n'étaient déjà plus en état de le défendre contre les invasions des Barbares.

CHAPITRE IV.

Des crimes et délits purement militaires.

On trouvera, par une simplification semblable à celle que j'ai employée dans le chapitre précédent, qu'il n'en existe véritablement que deux, la désertion et l'insubordination; tous les autres rentrent dans ces deux-là, soit abandon d'un poste où vous avez été placé, soit refus d'employer la force, soit enfin une désobéissance quelconque, par action ou par manque d'agir.

Pour le déserteur simple, je demanderai, comme je l'ai déjà demandé pour le voleur, qu'il ne soit plus apte à reparaître dans l'armée après avoir subi sa peine. Qu'on adoucisse ou qu'on abrège, si l'on veut, cette peine des travaux publics, à laquelle la loi actuelle le condamne, car je n'ai pas l'intention d'en aggraver la rigueur, comme on le ferait en la laissant subsister telle qu'elle est, et en incorporant ensuite le coupable, selon le vœu que je forme, dans un régiment de puni-

tion. On me demandera ce que j'entends par régimens de punition, et quelle destination je leur
donne; peu importe : il suffit que la souillure
morale y soit attachée par la volonté du gouvernement. Sous d'autres rapports, le déserteur
peut être un honnête homme; mais il a trahi le
serment solennel qu'il a prété sous le drapeau,
et auquel on ne donnera d'importance aux yeux
des soldats qu'en rejetant de leurs rangs, sans
retour et avec l'expression du plus profond mé-
pris, tout homme qui n'aura pas été sensible à
l'honneur d'en faire partie, et qui aura osé se
parjurer pour s'y soustraire. C'est précisément
parce que la faute semblera souvent excusable,
qu'il faut la tuer dans l'opinion. Rangez les dé-
serteurs, c'est-à-dire les lâches ou les parjures,
dans les mêmes bataillons que les voleurs, et
l'armée les confondra dans la même catégorie.
Le vol et la lâcheté sont les seuls vices auxquels
la justice austère du soldat ait jamais infligé ce
châtiment, si nul quand sa conscience s'y refuse, malgré la toute-puissance du chef le plus
absolu qui se permettrait de l'ordonner ; si terrible quand sa volonté s'y prête, malgré les réglemens qui le défendent ; cette *savatte*, qui,
en dépit de son nom ridicule, dans nos camps
et dans nos quartiers, représente la reine du
monde.

Par une raison analogue, je veux que le re-
tardataire et l'homme qui n'aurait pas encore

prêté serment, soient exempts de cette disposition déshonorante : ils n'ont manqué qu'à la loi,
et non à l'honneur.

J'abolirais la peine de mort pour la désertion
après grâce et après amnistie : elle est trop sé-
vère sous le régime du recrutement forcé. Il est
des malheureux qui ont une répugnance invin-
cible pour le service militaire ; en leur faisant
remise une première fois de quelques mois,
peut-être de quelques années qu'ils auraient à
passer dans nos ateliers de condamnés, vous les
rendez au pouvoir d'un ascendant inévitable
qui les exposera bientôt à se faire fusiller. D'ailleurs il n'y aurait plus pour eux de grâce ni d'amnistie entière, si rien, après la désertion, ne pouvait plus les replacer sous nos étendards.

La désertion avec armes et bagages est justement punie de mort afin de prévenir le brigan-
dage, parce que le soldat est censé n'emporter
son fusil ou sa carabine que pour en faire un
usage criminel. Mais s'il est prouvé qu'il s'en
soit séparé de suite, on doit établir une exception spéciale qui fasse rentrer ce cas dans celui
de la désertion simple : la peine alors sera seule-
ment aggravée par la circonstance de l'arme à
feu, comme elle l'est déjà par plusieurs autres
que la loi a prévues.

Il importe également d'établir une distinction
entre la désertion à l'ennemi et la désertion devant l'ennemi. La première, selon moi, conti-

nuerait à être punie de mort ; la seconde ne le
serait plus que des fers ; car, dans ce dernier cas,
c'est une flétrissure qu'il faut. Ne faites pas à la
lâcheté l'honneur de la traiter même comme la
trahison.

J'ai entendu proposer un système de législation pénale sur la désertion, qui serait tout-à-fait
opposé au mien. Il consisterait, loin d'exclure
de nos régimens les coupables, à prolonger d'un
certain nombre d'années le temps du service que
la loi exige d'eux. Ce châtiment ne serait pas de
leur goût, j'en conviens, et il offrirait un grand
avantage matériel à l'état ; mais il aurait aussi un
immense inconvénient moral. Quelques hommes
n'iraient plus s'abrutir aux travaux publics, ni
dans des compagnies de discipline, où ils sont
inutiles, il est vrai, si ce n'est par leur exemple ;
mais tous nos conscrits, et souvent même leurs
anciens, ne sont déjà que trop persuadés que la
nécessité de suivre la plus noble des carrières,
est un malheur pour eux, sans qu'on aille encore
leur en fournir la preuve de sentiment la plus
évidente, en faisant de la profession même des
armes une *peine* à laquelle on puisse être condamné par un tribunal.

Si pourtant cette base devait être adoptée, je
souhaiterais qu'on abolît le serment pour le soldat. Tant qu'on ne l'obligera pas à y attacher
une valeur par celle que les lois y attacheront
elles-mêmes, ce ne sera qu'une formalité inutile,

mais dont il peut être un jour bien funeste de l'habituer à se faire un jeu.

Je viens à l'insubordination, sur laquelle j'ai déjà exprimé toute ma pensée; je ne m'arrêterai pas à la considérer sous le point de révolte, que je regarde comme hors de cause, et je ne m'occuperai que de l'insulte à un supérieur.

La plus grave de toutes les insultes, celle qui consiste en voies de fait, emporte la peine capitale; c'est un des articles du Code contre lequel on s'est le plus récrié, et je le défendrai pied à pied, parce que sa suppression, selon moi, entraînerait la perte totale de la discipline.

La foi du serment qui lie le soldat relativement à la désertion, l'enchaîne aussi à cet égard : il a juré d'obéir aux chefs qui lui sont donnés par le souverain; et si l'on peut concevoir quelquefois une excuse à des propos injurieux, on n'en admet pas à des sévices contre leur personne. Pour trouver le type du respect dû au serment, le type de la discipline en général, il faut encore le chercher dans les légions romaines; c'est un arbre séculaire, à l'ombre duquel le monde entier se repose, et dont le sang du fils de Manlius a fécondé la tige et fortifié les racines.

Nous sommes restés bien loin de la rigidité guerrière du peuple-roi; mais gardons-nous du moins de perdre ses traces de vue. La subordination militaire, c'est-à-dire l'obéissance aveugle de cent mille hommes aux volontés d'un seul, est une chose absurde en elle-même, et pourtant rien ne marche et rien ne subsiste que par elle. La pyramide s'écroulera sur-le-champ si vous détachez une pierre de l'un des étages intermédiaires; si vous ôtez un des anneaux de la chaîne électrique, vous arrêterez le commandement; il ne parviendra pas d'une extrémité à l'autre avec cette rapidité de l'éclair qui est son essence et qui fait sa force. De ce moment tout est fini, le fantôme se dissipe, et avec lui disparaissent les empires et la civilisation.

On ferme ses yeux à l'évidence quand on nie ces grandes vérités, quand on ne veut voir qu'un homme qui en frappe un autre dans le soldat qui frappe son caporal. Ce caporal, dit-on, est presque toujours un rustre enlevé récemment à la truelle ou à la charrue; il ne vaut pas mieux que le soldat, il mange à la même gamelle, il couche dans le même lit, la distance qui les sépare est nulle. Voilà précisément pourquoi la loi doit corroborer son autorité et rendre sacré son galon de laine, plus peut-être que l'épaulette étoilée de l'officier-général. Ce dernier est défendu par l'éducation, par le pouvoir, par l'éloignement : l'attentat de ce genre, qui partirait des rangs inférieurs pour l'atteindre, pourrait être pardonné sans risque; car un tel excès de démence ne deviendrait jamais contagieux. Il n'en est pas de même entre deux grades qui se touchent; et dès l'instant où l'on distinguerait

3

des nuances entre les supérieurs de différentes classes, c'en serait fait de l'obéissance qui doit franchir en un clin d'œil tous les échelons de la hiérarchie : non-seulement le rapport du soldat au caporal est le même que celui du lieutenant-général au maréchal de France; il est le même que celui du soldat au commandant en chef, dont le caporal n'est que l'organe. Il n'y a qu'un pouvoir, qu'un commandement dans une armée; le crime d'insubordination y est un; son châtiment doit être un aussi. C'est en ce sens que les individus de tout grade qui la composent, sont tous égaux devant la loi.

On voudrait mettre sur ce point une différence entre le temps de paix et le temps de guerre. Cette différence pourrait être convénable en d'autres cas; mais l'adage fameux : *Si vis pacem, para bellum*, n'est nulle part si applicable qu'en fait de discipline, tandis qu'à entendre nos philanthropes, vous croiriez que cet unique ressort de l'état militaire se remonte à volonté, comme ceux d'une horloge.

J'entends aussi répéter à tort et à travers ces mots : *dans le service, hors du service*, par des gens qui sont apparemment forts sur le service, mais qui ne savent pas que l'autorité est de tous les momens, et que si parfois elle se relâche, le subordonné doit toujours le même respect aux marques distinctives qui sont les emblèmes de cette autorité.

Il reste à examiner si la peine de mort est absolument nécessaire, et je me prononce sans hé-
siter pour l'affirmative, appuyé sur l'expérience
de toutes les époques, sur la tradition de toutes
les armées. A quel crime, soldats, cette peine
serait-elle infligée parmi vous, si elle ne l'était
pas à celui dont nous parlons, au parricide militaire !

Et vous surtout, soldats français, répondez!
N'est-il pas vrai qu'à vos yeux, aux yeux de ce
préjugé sacré de l'honneur, qu'on peut blâmer,
mais que vous vous faites gloire de suivre, l'homme
qui a essuyé un outrage corporel en demeure
souillé tant que le sang de l'agresseur n'a pas
coulé pour laver son injure? N'en avez-vous pas vu
souvent vos chefs tellement persuadés qu'ils s'em-
pressaient alors de descendre volontairement au
niveau de ceux qui les avaient offensés, et que,
pour obtenir une réparation plus certaine, ils se
gardaient bien de l'implorer du glaive de la justice,
et ne la demandaient qu'à leur épée ? La loi qui
doit (on le sent trop) interdire de pareils combats, la loi qui veille sur l'honneur du moindre
d'entre vous, au point qu'elle prohibe envers lui
comme un crime ces punitions dégradantes usi-
tées chez l'étranger, comme un crime qui rend
un supérieur, quel qu'il soit, indigne d'occuper
jamais aucun grade dans nos armées; cette loi,
dis-je, restera-t-elle muette quand il s'agira de
purifier l'honneur de ceux qui marchent à votre

3.

tête, et qui auraient perdu, par l'attentat d'un furieux, leurs droits à votre considération, sans les avoir perdus à votre obéissance ?

Je ne serai jamais du nombre de ces bons citoyens qui se consolent d'un malheur public, en songeant qu'ils l'avaient prédit. Si l'on touchait à l'article que je soutiens de tous mes efforts, je regarderais la ruine de la discipline comme imminente, mais je n'en étendrais pas moins encore mon faible bras pour la soutenir elle-même, dussé-je périr écrasé sous les débris de cet édifice chancelant. Il ne reposerait plus en effet que sur l'énergie individuelle des officiers. Avec un sabre à la main et la ferme volonté de s'en servir pour faire exécuter ses ordres, il est rare qu'on ne parvienne pas à maintenir le respect autour de soi ; la force seule du regard suffirait souvent pour faire tomber à vos pieds les bayonnettes dirigées contre votre poitrine ; mais cet ascendant entièrement personnel et borné à un cercle étroit, n'empêcherait pas tous les rouages de se briser ; et par une suite de l'aveuglement ordinaire aux hommes, ceux qui aujourd'hui repoussent fièrement la protection de la loi, seraient sans doute alors ceux à qui elle serait le plus nécessaire, précisément parce qu'ils ne sont pas capables d'en sentir fortement la nécessité.

Grâce au ciel ! je viens de terminer ce que ma tâche avait de pénible, et j'aurai maintenant la consolation de réclamer un adoucissement immense à l'article de la même loi, qui prévoit l'insulte au supérieur avec menace, propos ou geste, et la punit de cinq ans de fers. J'ai déclaré mes principes comme juge; quoique j'aye siégé peu de temps dans un conseil de guerre, j'ai eu la douleur de coopérer à plusieurs condamnations de cette nature, mais c'est alors que mon cœur a toujours saigné : s'il m'eût été permis de faire pour mes semblables ce que je voudrais qu'on fît pour moi-même, j'aurais cru leur faire grâce en prononçant leur arrêt de mort. Non, le crime n'est point infamant, et tout ce que j'ai d'honneur et d'équité dans l'âme, se révolte à la seule idée de la peine infamante qu'on lui inflige. Il est mille fois plus plus affreux d'avilir un homme que de le tuer ; et cet homme est souvent un vrai militaire qu'un accès de colère a égaré ! et souvent aussi ses juges, même quand sa fureur l'a emporté jusqu'à mériter le dernier supplice, ont la faiblesse de croire céder à un mouvement d'humanité en résolvant négativement la question de voie de fait, et en l'envoyant aux fers, c'est-à-dire, aux galères ! aux exécrables galères ! la sentine de la société ! le cloaque impur où elle entasse les voleurs et les assassins ! Soutiendraient-ils ses regards sans rougir, les magistrats qui l'ont condamné, si, après avoir entendu sa sentence, il élevait la voix pour leur dire : « Gardez votre pi- « tié insultante; la loi m'assigne la mort, elle « m'est due, je la veux; et de quel front osez-vous

«faire tant de cas de la vie d'un homme, quand
«vous en faites si peu de l'honneur d'un soldat?»

Qu'on n'aille pas croire cependant que, moi,
je demande la peine capitale pour un simple geste
menaçant, pour un simple propos injurieux. Je
veux au contraire que la loi se borne à prononcer
l'emprisonnement. Effacez les cinq ans de fers,
et mettez par compensation dix ans de prison,
vingt ans, s'il le faut, mais plus de galères! plus
d'infamie! Sous le régime actuel, si j'avais eu la
démence d'insulter en paroles un de mes chefs,
la réflexion me précipiterait sur lui pour le frapper,
pour le frapper d'une manière qui m'assurât la
mort en ne laissant aucun doute possible sur mon
attentat: le législateur m'aurait contraint à échap-
per au déshonneur par un crime plus grand.

«Parlez pour vous, me dira-t-on, et pour
«tous ceux qui vous ressemblent et que leur
«éducation même garantit du malheur de s'aban-
«donner à de pareils excès; mais ceux chez les-
«quels ils sont plus fréquens, ne vous remer-
«cieront pas de la chaleur que vous mettez à
«plaider cette cause. Ils préfèrent pourrir cinq
«ans dans un bagne que demeurer dix ans dans
«une maison d'arrêt.» Quoi! s'il se rencontre
parmi nous des misérables assez abrutis pour
avouer un choix si honteux, est-ce par eux, est-ce
du moins à leur gré que nos lois seront rédigées?
Nos lois qui, je ne saurais trop le répéter, doivent
être les mêmes pour tous les grades! Un brave,

dans un des plateaux de la balance, ne pèse-t-il pas à lui seul cent mille fois plus que cent mille lâches? On s'indignerait s'il était question d'enlever au soldat le droit de porter la même croix que l'officier, la croix d'honneur, puisque tel est le nom vulgaire qu'on lui donne, et l'on ne veut pas que l'honneur soit à son usage! Il est fait pour connaître ce sentiment sublime ; mais c'est à nous à le lui inculquer ; c'est à nous à former l'opinion qui le guidera en souveraine dans sa carrière. Voilà le despotisme qu'il est beau d'exercer sur les hommes ; c'est celui qui les élève malgré eux. Un mot de Louis XIV avait fait du ruban de Saint-Louis une récompense bien supérieure à toutes les pensions pour le vieux serviteur qui avait à peine de quoi soutenir les restes de son existence : la voix du roi n'a rien perdu de son pouvoir. Amis de l'ordre dans nos camps, mais jaloux de cette égalité que la Charte assure à tous les Français, il n'existe parmi nous d'autre aristocratie que celle des grades, auxquels tous peuvent aspirer, auxquels, dès les époques les plus reculées, tous pouvaient atteindre : les noms de Fabert et de Catinat ont précédé d'autres noms que je laisse à l'avenir le soin de citer. Celui qui rappelle avec orgueil ces grands exemples est un enfant de cette vieille noblesse, qui n'est fière que d'avoir combattu pour son pays plusieurs siècles avant le reste de ses concitoyens ; et si de nos jours, comme l'a dit énergiquement Béranger, *la gloire est roturière*, pourquoi l'honneur ne le serait-il pas ?

Le ton que je prends ici n'est point celui d'une vaine jactance ; il a toujours été naturel dans notre armée. Quand M. de Saint-Germain, méconnaissant la dignité du caractère national, fit rendre l'humiliante ordonnance qui substituait à la prison les coups de plat de sabre, il était Gascon, mais Gascon comme Henri IV, ce grenadier qui, l'entendant lire devant le front de la troupe assemblée, s'écria dans son indignation toute française : «Sandis! nous aimerions mieux «le tranchant. »

CHAPITRE IV.

Résumé général.

J'AI proclamé des maximes austères et terribles ; je ne craindrais pas de les sceller, non-seulement de mon sang, mais du sang de tous ceux d'entre mes frères d'armes qui auraient encouru la juste rigueur des lois.

Comme un des plus forts argumens contre mon système de sévérité est l'appréhension justement fondée que cette sévérité même ne devienne illusoire, il ne me semblerait pas inutile d'astreindre d'avance les membres des conseils de guerre et de révision à un serment solennel ; les uns de ne décider la question de fait que sans acception de la peine ; les autres de ne juger que sur la forme, sans acception de la peine ni du fait. Cette mesure n'enchaînerait nullement l'indépendance qu'on doit laisser à la conscience d'un homme qui remplit les fonctions de juré, puisqu'il serait toujours libre de déclarer que celui qui aurait commis une action reconnue coupable par la loi , n'en serait cependant point coupable , non pas à la vérité parce que la loi lui paraîtrait trop dure , mais parce que l'action aurait été commise avec des circonstances qui lui enlèveraient sa culpabilité.

Il est surtout indispensable d'introduire dans les articles du Code qui statuent sur des peines à temps, un *maximum* et un *minimum* de durée qui délivrent le juge de la contrainte insupportable où le tient l'impossibilité de nuancer les différens degrés de gravité qui peuvent accompagner et caractériser un délit ou un crime.

Du reste, quels que soient les adoucissemens que je propose, et auxquels on songera toujours assez sans moi, mon ouvrage épouvantera tous ces hommes qui tressaillent à une vérité un peu rude, comme les femmes au bruit d'un coup de pistolet. Il choquera, par une classification inusitée, les jurisconsultes qui ne détestent que l'illégalité, tandis que nous, ce qui nous révolte, c'est l'injustice. Nous nous soumettrions volontiers au tribunal d'un cadi, pourvu que ce cadi fût un nouveau Salomon.

Les institutions douces et molles, qui se plient aux faiblesses et aux goûts des individus, ne traversent pas les siècles ; il n'y a de vivace que les institutions sévères, qui contrastent fortement avec les mœurs communes, et qui enferment, pour ainsi dire, la caste qu'elles saisissent, dans un cercle de fer. J'en pourrais citer de nombreux exemples ; les lois de Moïse, celles de la Chine, et jusques à cette société fameuse que je ne veux pas nommer dans un écrit étranger à tout esprit de parti, mais qui a aussi un *général* à sa tête, et que ses ennemis même ont comparée à un serpent haché.

Nous formons, depuis l'établissement des armées permanentes, une sorte de moines armés, isolés au milieu de la société, sans autre famille que le régiment, sans autre clocher que le drapeau. Notre institut, qui doit être identique dans tous les temps et dans tous les pays, sauf quelques modifications locales, ne subsiste que par son âpreté native : s'il vient à périr, je réponds que la postérité aura lieu d'en accuser ce relâchement funeste qui ruina la discipline de Lycurgue et celle des anciens Romains.

J'ai réservé pour ce moment une question qui n'est pas sans importance, mais que je ne proposerai que sous la forme du doute, parce que mon opinion n'est pas fixée à ce sujet, c'est d'examiner s'il convient que le vol, l'assassinat, en un mot, tout ce qui sort des crimes militaires ou politiques, quoique justiciable de nos tribunaux, soit puni des peines que l'on inflige en pareil cas dans le civil. Ce serait un frein de plus ; la dégradation n'est assurément pas une flétrissure équivalente à l'exposition ou à la marque, et je ne vois pas bien pourquoi l'on épargne, par une faveur spéciale , ces affronts à un misérable désormais étranger pour toujours à l'armée dont il a souillé les rangs (bien entendu qu'à l'avenir l'infamie dans le crime encourra seule l'infamie dans le supplice). En mon particulier, je l'avoue, tandis que les criminels qui n'auraient enfreint que les devoirs de leur état, mourraient sans déshonneur de la main de leurs camarades, je verrais avec plaisir qu'on ne daignât plus faire exercer aux soldats l'office de bourreaux envers des brigands qui auraient violé toutes les lois divines et humaines; la guillotine est assez bonne pour eux.

On ne s'étonnera pas que j'adopte, en cette circonstance, un avis qui cadre si bien avec la suite entière de mes raisonnemens, mais cependant, pour être complètement d'accord avec moi-même, j'hésiterais peut-être encore à détruire ce qu'un grand nombre de militaires, ainsi que je m'en suis souvent assuré par la discussion, regardent comme un privilège inhérent à notre métier, dans tous les cas. Au surplus, avant de faire partir un ressort qui ne doit agir que sur l'opinion, c'est elle seule qu'il faut consulter. J'ai posé le problème au législateur; je lui laisse le soin de la sonder avant de le résoudre.

C'est après l'avoir bien sondée moi-même, que j'ai demandé avec autant d'assurance une juridiction spéciale, comme un contre-poids aux mesures exceptionnelles qui nous atteignent sans cesse. Pour être aussi soumis à nos chefs,

il faut n'être soumis qu'à eux. Nous ne préten-
dons pas à *l'impeccabilité*, mais nous ne pré-
tendons pas non plus être les *derniers des derniers* et les serviteurs de tous nos frères : loin
de là, nous voulons des lois de fer, des lois
draconiennes, mais nous voulons nous les ap-
pliquer nous-mêmes. Je me suis fait l'organe
de nos préventions contre des juges qui nous
seraient étrangers ; d'abord, parce que ces préventions existent ; et ensuite, parce qu'elles sont
fondées, que nous sommes enviés, et que nous
le serons tant qu'il y aura un prestige attaché à
notre état et à notre habit, tant que le cœur
d'une femme battra plutôt à la vue d'une épée
qu'à celle d'un mètre. C'est ce prestige qu'on
voudrait détruire en nous *démilitairisant*; mais
on ne parviendra pas à énerver l'armée sans que
la nation ne s'en ressente ; on fera de la France
un pays de courtiers et d'usuriers comme la
Chine, et alors on verra les Tartares dans des
murs qui les ont déjà vus. La valeur sera toujours nationale chez nous, dit-on. Ce n'est pas
moi qui le nierai ; mais cependant je jette les
yeux sur Rome, et le Tibre me fait craindre
pour la Seine. D'ailleurs que peut aujourd'hui
la valeur contre la discipline? La guerre est
devenue un art, et ceux qui s'y consacrent une
classe qui ne saurait être trop distincte, qui
a besoin d'être un corps à part et d'avoir un
esprit de corps. On blâmera cet esprit, on le

traitera de sentiment étroit, sans s'apercevoir que sa condamnation est celle du patriotisme, qui n'est lui-même qu'un esprit de corps un peu plus étendu. Ainsi, pour être conséquent, on ne nous laissera que l'amour de l'humanité en général, qui est le plus beau de tous les amours en théorie et le plus faible en réalité. Qui aime tout le monde, n'aime personne, dit l'expérience : êtres bornés que nous sommes, nos affections n'ont de force qu'en se resserrant.

Les liens qui unissent les militaires entr'eux n'embrassent que ceux qui en sont dignes : s'il se rencontrait parmi nous un Mingrat, j'ose dire qu'on pourrait nous confier la vengeance de la société ; elle serait terrible, comme elle devrait l'être ; elle serait solennelle surtout. Néanmoins, après avoir proclamé nos préjugés à cet égard, j'avoue que je conçois ceux des citoyens, parce que si j'exige dans les soldats la fierté du métier, je veux que les autres aient le sentiment de leur dignité d'hommes ; je veux que chacun se tienne à sa place, mais que tous sachent lever la tête. Je conçois également que le grand principe de l'inamovibilité judiciaire soit cher aux amis de la liberté, dont il est un des plus sûrs appuis ; je répète qu'il est moins nécessaire chez nous que partout ailleurs, qu'il n'y serait pas favorable aux accusés, et je regretterais même en quelque sorte une amovibilité qui fait éclater dans toute sa noblesse l'indépendance de ce caractère militaire, qu'on représente toujours comme prêt à se précipiter dans la servitude; mais, enfin je ferais le sacrifice de cette juste vanité à la chose publique, pourvu que notre chose particulière n'en souffrît pas. Je comprends que le voisinage d'un pareil exemple n'est pas sans danger pour ce qui doit être et être à jamais; je comprends que rien ne semble plus odieux aux gens qui raisonnent et qui sentent, que l'arbitraire dans la justice, le provisoire dans l'éternel. Eh bien ! il est peut-être un moyen de concilier tant d'intérêts si contraires; cette idée mérite qu'on y pense; elle appartient, je crois, au second capitaine du siècle, à Moreau. Il faudrait que la magistrature militaire devînt l'attribut exclusif des officiers et sous-officiers en retraite, qui sont rentrés dans la cité sans sortir de l'armée ; car il est au-dessus du pouvoir des hommes de faire ou de défaire un soldat. Tout autre corps de juges militaires inamovibles ne serait bientôt plus considéré comme militaire, pas plus du moins que le corps de l'intendance qui porte ce nom? Mais ici que d'avantages se présentent en foule ! Si la fondation seule de l'hôtel des Invalides est un des premiers titres de Louis-le-Grand aux hommages de la postérité, quel avenir son successeur peut préparer à sa mémoire en adoptant le plan que je propose! Ce serait asseoir, comme le fit Lycurgue, nos institutions guerrières sur le respect dû aux cheveux blancs ; et certes il est bien dans l'esprit de notre état d'habituer la force physique à la déférence pour les êtres qui en sont dépourvus par leur nature ; témoin les heureux effets de ce culte des femmes qui fut la base de la chevalerie et qui lui a survécu. Ce serait soumettre la jeunesse à l'arbitrage de l'expérience, l'armée militante à la tutelle de l'armée émérite ; ce serait une aisance honorée que la reconnaissance de la patrie pourrait offrir à l'honorable indigence du vétéran ; ce serait encore un beau partage laissé en perspective à celui qui n'aurait pas eu le bonheur de mourir sur le champ de bataille.

C'est avec plaisir que moi-même je m'arrête et me repose sur cette pensée, après avoir parcouru le cercle que je m'étais tracé. J'ai dit tout ce que je croyais utile, je l'ai dit aussi brièvement que je l'ai pu ; je l'ai dit enfin avec la franchise et la rudesse dont j'ai contracté l'habitude dans ma profession. On me trouvera bien jeune pour avoir énoncé si hardiment ma pensée ; je suis loin encore de l'âge que notre constitution exige des mandataires auxquels la nation confie la tâche honorable de coopérer à la confection de ses lois ; mais Bonaparte à vingt-huit ans n'avait-il pas déjà fait retentir ces proclamations célèbres qui sont restées les plus sublimes modèles de l'éloquence militaire, et qui étaient alors aussi nouvelles que les vic-

toires inouïes dont elles furent les premiers
mobiles ?

Compagnons, nourris comme moi dans le
métier des armes, je vous présente sans crainte
cet exposé de mes opinions; c'est parmi vous,
qui devez seuls en redouter la sévérité, que
j'espère rencontrer des approbateurs. Je crois
avoir rappelé les vrais principes de notre état,
de cet esprit militaire qui ne se perd que trop
dans notre patrie, dans notre patrie qui lui doit
pourtant le plus éclatant de tous les fleurons
de sa couronne! J'ai voulu rattacher à nos drapeaux le double prestige de l'honneur et de la
gloire, de cet antique honneur qui survécut
au désastre de Pavie, de cette gloire moderne
qui survit à des revers plus récens. Quelques
âmes rétrécies m'accuseront peut-être d'avoir
passé le but en exagérant la force de ces no-
bles et gigantesques mobiles ; mais je n'en ré-
péterai pas moins aux enfans des Cathelineau
et des Bonchamp, comme à ceux des Marceau
et des Desaix : « Français de tous les rangs,
« de toutes les opinions, sachez être fiers de
« vos pères, si vous voulez que vos fils puissent
« un jour l'être de vous. »

TABLE

DES MATIÈRES.

IMPRIMERIE DE E. POCHARD,
Rue du Pot-de-Fer, nº 14, à Paris.

ON TROUVE CHEZ LES MÊMES LIBRAIRES.

CHATELAIN (lieutenant-colonel). Traité d'Escrime, à pied et à cheval, contenant la démonstration des positions, bottes, parades, feintes, ruses, etc., 2ᵉ édition, 1 vol. in-8, avec planch. 3 f.

DANET. L'Art des Armes, 2 vol. in-8, avec planch. 12 f.

Escrime, Danse, Équitation et Art de nager, 1 vol. in-4, avec planche, 18 f.

LABOESSIÈRE. Traité de l'Art des armes, à l'usage des professeurs et des amateurs, 1818, 1 vol. in-8, 42 planch. 7 f.

M. Laboessière père fut le maître du fameux Saint-Georges ; et le fils, l'auteur de cet ouvrage, fut son émule : ainsi les principes de trois hommes qui se sont acquis dans l'art des armes une si haute réputation, sont réunis dans ce Traité.

LAVAUGÈRE. Traité de l'Art de faire des armes. Paris 1825, 1 vol. in-8, avec 18 figures. 7 f.

MULLER (officier). Théorie sur l'Escrime à cheval, pour se défendre avec avantage contre toutes espèces d'armes blanches, ornée de 51 planches, 1 vol in-4. 12 f.

MULLER. Mémoire sur les armes de la cavalerie, Paris, 1817, broch. in-4. 3 f.

MULLER. La baïonnette, *ou Observations sur l'utilité d'une méthode d'escrime pour cette arme.* 2 f.

Cours élémentaire et analytique d'équitation de M. d'Auvergne, par le marquis Ducroc de Chabannes, 1826, un petit v. in-8,

BOHAN. Principes pour monter et dresser les chevaux de guerre, formant le 3ᵉ volume de l'ouvrage de M. le baron de Boban, intitulé : *Examen critique du Militaire français*, suivi des passages extraits des tomes 1 et 2 qui ont paru les plus dignes d'être conservés. Paris, 1821, 1 vol. in-8, 6 planches. 6 f.

La réputation bien établie et bien méritée de cet ouvrage nous dispense de tout éloge ; on sait qu'il n'en existe pas de plus précis et de mieux raisonné.

BAUJOT (sculpteur). Etudes anatomiques du cheval, utiles à sa connaissance intérieure et extérieure ; à son emploi et à sa représentation relativement aux arts, 16 plan., texte noir. à Paris, 1826. 20 f.
Planches coloriées, 40 f.

CORDIER. Traité raisonné d'équitation, en harmonie avec l'ordonnance de cavalerie, mis en pratique à l'école royale de cavalerie de Versailles, aujourd'hui à Saumur. Paris, 1824, 1 vol. in-8, avec planch. 6 f.

Cet ouvrage n'est ni une compilation ni un ensemble de principes pris çà et là, et souvent incohérens : il est le fruit de trente ans d'expériences et d'observations. L'auteur, par un gode tout naturel, a toujours dirigé ses études vers l'art de l'équitation, dont il pose et démontre aujourd'hui les principes. Sa méthode est claire, simple, et sur-tout exempte de charlatanisme La place de Directeur du manége académique de l'Ecole de Saumur, qui lui est confiée, prouve la confiance du Gouvernement dans ses talens.

MARTIGNY. Projet d'amélioration de la race des chevaux. Paris, 1824. 1 f.

ROI. Elémens d'équitation militaire ; ouvrage utile aux jeunes gens qui veulent cultiver cet art, et particulièrement à ceux qui se destinent à remplir les fonctions d'instructeurs. Paris, an VIII, 1 vol. in-12. 2 f. 50 c.